Callwey

Ideen
Techniken
Beispiele

Uwe Geißler

Porzellanmalerei
Obst und Früchte

Mit Kopiervorlagen

CALLWEY
SPEZIAL

Bildnachweis und Dank

Ein besonderes Dankeschön für die Unterstützung bei der Fertigstellung dieses Büchleins geht an Frau Heidi Führer aus Basel und Herrn Kalkes in Köln, sowie das Porzellanatelier M. Archut in Köln.
Alle Teile, die von Frau Führer fotografiert wurden, stellten freundlicherweise A. u. R. Blumer-Schuler/Engi, Kanton Glarus (Schweiz), zur Verfügung (Abb. 19–35).
Die Abb. des Titels und Abb. 80 stammen aus dem Fotostudio A. Beer/Rösrath.

Die Porzellanteile auf den Abb. 7, 40–53 und 64, 65 stammen aus der Sammlung KALKES – KÖLN.
Aufnahme der Abb. 54 von Frau Schmidt-Vollmer, Duisburg und der Abb. 55 von B. Castrop/Olfen.

Die Deutsche Bibliothek –
CIP-Einheitsaufnahme
Porzellanmalerei Obst und Früchte: mit
Kopiervorlagen / Uwe Geissler. – 2. Aufl. –
München: Callwey, 1996
(Callwey creativ: Spezial)
ISBN 3-7667-1217-9
NE: Geissler, Uwe

2. Auflage 1996

Streitfeldstraße 35, 81673 München

Einband und Reihengestaltung
Germar Wambach, München
Satz Filmsatz Schröter GmbH,
München
Lithos CS Repro-Dienst, Singapur
Druck und Bindung Printer, Trento
Printed in Italy 1996
ISBN 3-7667-1217-9

INHALT

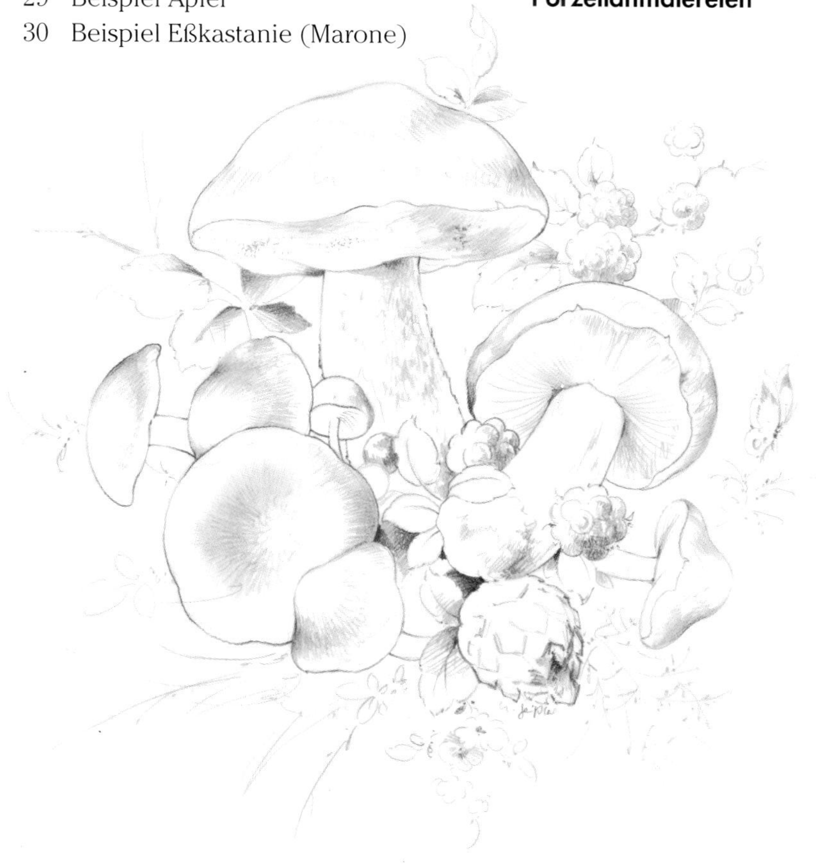

6 Kompositionsstudie zum Abpausen beziehungsweise Verkleinern / Vergrößern mit dem Kopierer.

VORWORT

Die Fruchtmalerei hat, wie alle naturalistischen Malereien, eine Sonderstellung in der Porzellandekoration. Sie ist ebenso wie die Landschafts- oder Vogelmalerei eine Naß-in-Naß-Malerei, was dem Maler ein hohes Maß an Routine und Geduld abverlangt. Deshalb sollten Sie sich über die Blumenmalerei an die Fruchtmalerei »heranarbeiten«, um das Metier Stück für Stück kennenzulernen.
Nicht umsonst werden, beispielsweise in Meißen, unter den Blumenmaler-Lehrlingen die Begabtesten ausgewählt, um sich nunmehr auf Früchte zu spezialisieren. Ich selbst hatte das große Glück, nach Abschluß meiner Lehrzeit in der Blumenmalerei in die Malstube der Fruchtmaler gesetzt zu werden und da drei Jahre lang, acht Stunden am Tag, den Fruchtmalern auf die Hände schauen zu können.

Technisch gesehen werden wir einige neue Varianten vorfinden, die wir in sehr klarer Reihenfolge behandeln und üben müssen. So z. B. das Stupfen der Farben ineinander. Es erfordert sehr viel Fingerspitzengefühl, die verschiedenen Töne ineinanderzumischen, ohne daß im Brand alles aufkocht. Der vorgeschulte Maler weiß um die Schwierigkeiten bei Rot in Kombination mit Gelb.
Noch mehr als in der Blumenmalerei müssen wir hier auf eine Plastizität der Dekorelemente achten. Der Akzent liegt auf sanften Rundungen und auf Frische; nichts darf flach und farblos erscheinen. Das gleiche gilt für die verschiedenen Stofflichkeiten der Oberflächen. Eine samtige Pfirsichhaut bedingt eine andere Malweise als ein glatter Apfel.
Wir können in diesem Zusammenhang sicher nur einen Querschnitt der möglichen Früchte aufzeigen. Viele Sorten jedoch sind sehr ähnlich zu malen, und so ist die eine Übung durchaus auch für andere Fruchtdekore nützlich. Quitte und Apfel beispielsweise sind fast gleich zu behandeln.

Fast noch wichtiger als in der Manier-Blumenmalerei ist bei der Fruchtmalerei ein intensives Naturstudium. Eigene Skizzen und Aquarelle nach der Natur sind unbezahlbar, wenn es darum geht, die Früchte auf Porzellan wiederzugeben. Man hat die jeweilige Frucht erst »begriffen«, wenn man sie detailgenau von einer natürlichen Vorlage abgemalt hat. Das gilt im übrigen auch für Blüten und Blattgrün der einzelnen Sorten. Sie werden zwischen den Früchten als unentbehrliches Beiwerk eingefügt und müssen, was Form und Farbe betrifft, botanisch richtig gezeigt werden.
Schließlich sind es die Schmetterlinge und Käfer, die um die appetitlichen Arrangements herumschwirren und so den naturalistischen Eindruck verstärken. Vorbilder finden sich in großer Zahl in Natur-Bildbänden und Werken mit farbigen Stichen. Und nun wünsche ich Ihnen viel Freude bei der Arbeit!

Uwe Geißler, Rösrath

7 Wie lose hingestreut wirken diese Frucht-, Blumen- und Insektendetails und geben dem Teller so eine äußerst lockere Wirkung.

DIE MALTECHNIK »NASS IN NASS« UND DIE ARBEITSMITTEL

Im Gegensatz zur Maniermalerei, bei der jede Farbe einzeln behandelt wird, müssen bei der Fruchtmalerei mehrere Farben naß ineinandergemalt werden. Das verlangt dem Maler natürlich eine wesentlich andere Malweise und Farbbehandlung ab. Bereits beim Farbeaufspachteln ist eine andere Farbe-Öl-Konsistenz erforderlich. Da das Farbgemisch lange Zeit frisch und malfähig bleiben muß, setzen wir vorsorglich Öle mit langer Trockenzeit zu. Diese verzögern das Antrocknen der gemalten Farbe erheblich und gestatten sogar eine Aufbewahrung des Farbbreis in der Lochpalette.
Bei manchen Hobbymalern fand ich gar Öle, die überhaupt nicht trocknen. Von diesen jedoch rate ich Ihnen ab, da wir auf jeden Fall eine Luftantrocknung erreichen wollen. Der gute Maler arbeitet sein Dekor nämlich ohne Einschaltung eines Zwischenbrandes aus! Aber auch mit Zweitbrand ist nichttrocknendes Öl ungünstig, da es während des gesamten Arbeitsvorganges, der Stunden dauern mag, enorm viel Staub annehmen kann. Das passiert selbst vorsichtigen Malern mit viel Praxis.

Bewährt ist seit vielen, vielen Jahren das gute alte Nelkenöl. Es ist angenehm zu vermalen und trocknet, je nach Dosierung in der Farbe, nach etwa 30–50 Minuten gut ab. Diese Zeit ist vollkommen ausreichend, wenn an einer bestimmten Frucht länger gearbeitet werden muß. Es wäre ziemlich unsinnig, wenn die zuerst gemalte Frucht absolut »frisch« bleiben würde, während man an anderen Details des Motivs weiterarbeitet. Oft wischt man sogar noch dieses nichttrocknende Öl versehentlich aus.
Die Dosierung des Nelkenöls ist für die Geschmeidigkeit der Farbe und ihr Trocknungsverhalten sehr wichtig. Die hohe Oberflächenspannung kann nämlich die Farbe auch ungewollt »treiben«, wenn man zuviel zusetzt. Drei bis sechs Tröpfchen reichen in der Regel für ein daumennagelgroßes Farbhäufchen.
Wenn Sie die Farbe in der Lochpalette aufbewahren wollen, geben Sie das Nelkenöl bitte nur beim erstmaligen Aufspachteln der Farbe zu und rühren Sie später den Farbbrei nur noch mit Terpentin um. Ansonsten verwenden wir in der Fruchtmalerei die aus der Blumenmalerei bekannten dünnen und dicken Terpentine.
Anders sind für diese Malerei auch die Arten der Pinsel. Wir brauchen mehrere Größen, die einen guten Körper haben müssen, da in der Fruchtmalerei wesentlich mehr Farbe auf den Scherben kommt als in der »Blume«. Es leuchtet sicher ein, daß für einen satten, gelben Apfel mehr Farbpigmente benötigt werden als beispielsweise für eine zarte Narzisse. Suchen Sie sich drei Größen aus, die eine unterschiedliche Farbdosierung erlauben.
Wichtig sind auch die Stupfpinsel. Oft treffe ich bei Malgruppen die flachen Breitpinsel an, die irgendwann aus der Diffusionstechnik in die Maniermalerei übernommen worden sind. Diese Pinsel sind für unsere Absicht überhaupt nicht geeignet, da sie viel zu grobe und streifige Spuren hinterlassen. Die anheimelnd und weich wirkenden Pfirsichoberflächen lassen sich damit nicht erzielen.

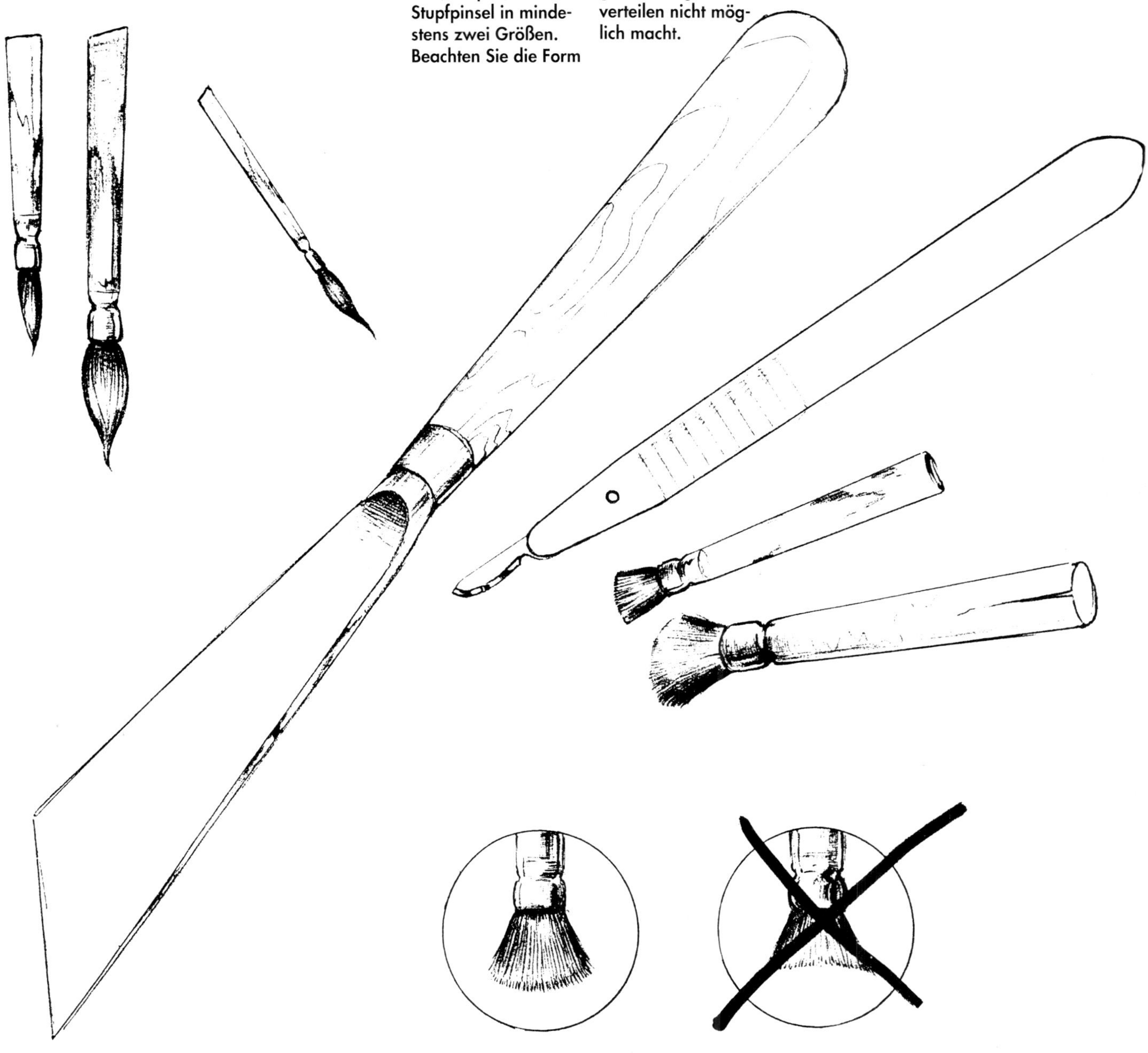

8 Die Arbeitsmittel (von links nach rechts): Drei verschiedene Pinselgrößen, Spachtel, Radiermesser (Skalpell) sowie Stupfpinsel in mindestens zwei Größen. Beachten Sie die Form der Stupfpinsel: Links unten im Kreis die richtige Form (konvex); rechts ein »hohler« Stupfer, der ein gleichmäßiges Farbeverteilen nicht möglich macht.

9 Der Autor mit einer seiner japanischen Schülerinnen bei der Arbeit.

Wir benützen vielmehr den schräg abgeschnittenen Stupfer aus Fehhaar, der ein absolut feines Farbverteilen ermöglicht. Der wesentliche Charakter des Stupfens besteht ja bekanntlich im gefühlvollen Ineinanderbringen von mehreren Farben oder von ruhigen einfarbigen Fonds. Also benötigt der Maler gut federnde Pinselhaare im runden Bündel, die glatt geschnitten sind.

Ein Wort noch zum Stupfschwamm, den einige Gruppen von Hausmalern verwenden. Er bringt zwar durchaus weiche Flächen zustande, jedoch sind Feinheiten, wie beispielsweise Ränder an den einzelnen Früchten, nicht so gut zu malen. Auch für kleine Formen, wie etwa Weintrauben oder Kirschen, ist ein kleiner Stupfpinsel besser. Den Schwamm sollten Sie also lieber für glatte Flächengestaltungen verwenden.

Für die ständig frisch benötigten Farben sollten Sie die Lochpalette aus Porzellan einrichten. Wir müssen bei allen Obst- und Gemüsesorten mehrere Farben ineinandermalen, und es wäre daher ein unnötiger Aufwand, wenn Sie jedesmal vor Arbeitsbeginn erst alle erforderlichen Farben neu aufspachteln müßten. In der Palette können Sie den Farbbrei viele Tage malfähig aufbewahren. Die einmal sorgfältig angerührte Farbe wird jeden Tag mit einem Tropfen Öl wieder einsatzbereit gemacht. Und wenn Sie die Palette einmal längere Zeit nicht benötigen, können Sie sie ruhig zugedeckt stehenlassen. Die Farbpigmente setzen sich dann unter dem Öl ab und werden später nur wieder umgerührt.
Schließlich brauchen wir bei der Naß-in-Naß-Malerei noch einen kleinen Napf mit Spiritus, um den Stupfpinsel ständig sauber auswaschen zu können. Das ist sehr wichtig, denn die zu stupfenden Farben werden nicht einfach hin- und hergeschoben. Sie sind vielmehr mit sauberem Pinselhaar weich an- und leicht übereinanderzubringen. Das ist ohnehin die Hauptschwierigkeit des Stupfens: leichte Farbübergänge in den Früch-

ten zu bewirken; auf keinen Fall sollten dicke Farbschichten entstehen, die später im Ofen kochen könnten. Es bedarf schon großer Geduld und ziemlicher Fleißarbeit, das Stupfen so zu lernen, daß zufriedenstellende Ergebnisse erreicht werden.
Gestupft wird nur in großen Dekorelementen, wo man ruhige, glatte Flächen mit einfachen Pinselstrichen nicht mehr bewältigt. Es ist schon verzwickt, wenn man auf einem großen Wandteller einer Birne ihren typisch glatten, rundlichen Ausdruck verleihen sollte und hätte nur den herkömmlichen Pinsel zur Verfügung.
Ich habe in Meißen mehrere Jahre in der Malstube der Fruchtmaler gearbeitet und muß sagen, daß auch dort täglich und beinahe bei jedem Stück zum Stupfer gegriffen wird – wenngleich die Experten dort es auch »ohne« könnten… Aber warum sollte man auf dieses Hilfsmittel verzichten, wenn man es sich leichter machen kann?

10 Während die malende Hand bequem auf dem Malpult aufliegt, hält die linke Hand den Teller von unten und dreht ihn bei Bedarf.

Für kleine Motive sollten Sie allerdings bei einiger Versiertheit dann auf diese Pinselart verzichten. Kleine Details lassen sich ohnehin nicht gut damit gestalten, und Ihre handwerklichen Fähigkeiten werden nur besser dadurch.
Wir benötigen bei der Fruchtmalerei 18 Grundtöne – *und keinen Ton mehr!* Ich habe in vielen Kursen Schüler mit einer Unmenge an Farbtönen und Pulvern ausgerüstet gesehen, die den Malschüler viel eher durcheinanderbringen als ihn zu orientieren. Im folgenden möchte ich Ihnen die Grundtöne aufführen, aus denen alle anderen Zwischennuancen gemischt werden können. Wir brauchen in der Lochpalette:

- Hellgelb
- Gelb
- Eigelb
- Ocker
- Dunkelbraun
- Eisenrot
- Purpur hell
- Purpur dunkel
- Violett dunkel
- Blau hell
- Blau dunkel
- Türkis
- Gelbgrün
- Blaugrün
- Zeichenfarbe
- Dunkelgrün
- Maron
- Aufsetzweiß

Zusätzlich könnte man Grau für weiße Blumen anmischen, aber in der Regel mischt man sich diesen Ton aus verschiedenen Farben zusammen. Ich nenne bewußt keine genaueren Bezeichnungen der Farben, da die vielen Nummern und Zusatznamen zu Verwirrung führen. Beachten Sie bei Ihrer Auswahl nur folgendes:

– Die hellen Töne sollten schön neutral und nicht zu intensiv, keinesfalls schreiend sein.

– Die dunklen Töne müssen, ohne daß man sie dick auflegen muß, eine sehr tiefe Ausarbeitung erlauben. Das heißt, ein gutes Dunkelviolett etwa muß fast bis ins Schwarz hinein steigerbar sein. Gleiches gilt für Purpur, Blau und ähnliche Farbtöne.

Da es erwiesenermaßen keinen Hersteller gibt, der alle Töne in hervorragender Qualität anbietet, muß man sich seine persönliche Farbpalette selbst zusammenstellen. Es ist leider so, daß, wenn der Purpur des einen Herstellers gut ist, sein Eisenrot nicht begeistert. Dergleichen Unstimmigkeiten kommen häufig vor. Andere Farben wieder sind zu grobkörnig oder bereiten beim Brennen Probleme. Es ist gar nicht so leicht, einen Grundstamm ganz persönlicher Farben anzulegen. Es muß viel probiert und testweise gebrannt werden. Wer allerdings von der Blumenmalerei zur Fruchtmalerei kommt, hat in der Regel seine Farben gefunden und kann gleich ans Werk gehen.

Wichtig ist auch die Mischbarkeit der Farben untereinander. Die meisten Töne können wir, fast wie beim Aquarellieren, gut miteinander mischen. Einige jedoch »fressen« sich im Brand gegenseitig weg und dürfen nur sanft aneinandergemalt werden (dazu gehören Rot und Gelb).

Nun sollte man meinen, daß es wohl unmöglich sei, rotgelbe Früchte aufs Porzellan zu bringen, aber mit der richtigen Technik geht auch das. Das ganze Geheimnis besteht eigentlich nur darin, daß wir diese »schwierigen« Farben nicht übereinandermalen und auch nicht pastos mischen, sondern butterweich *an*einandersetzen müssen. Die genaue Erklärung dazu finden Sie im Kapitel Einzelne Malbeispiele, Seite 29.

Die noch in der Naß-in-Naß-Technik benötigten Arbeitsmittel kommen allesamt aus der Blumenmalerei und dürften Ihnen somit schon wohlvertraut sein; als da wären Spachtel, Radiermesser, Ölzucht, Stabilo, Fehhaarpinsel (siehe Abb. 8).

Ob Sie eine Pause verwenden, bleibt Ihnen freigestellt. Es kommt ganz darauf an, wie sicher Sie in der freien Aufzeichnung sind und ob Sie das Motiv nur einmal malen, oder dasselbe mehrfach benötigt wird (Service). Es ist unbestreitbar so, daß die freie Zeichnung den Schüler sicherer und künstlerisch kreativer macht. Es ist immer von Vorteil, wenn man mit geschulter Hand flott und präzise aufzeichnen kann.

DIE KOMPOSITION IN DER FRUCHTMALEREI

Hier werden genau wie in der Blumenmalerei große, mittlere und kleine Formen zu Stilleben komponiert. Man könnte also analog zu den Blumen von Hauptfrüchten, Nebenfrüchten und kleinen Zierelementen sprechen. Die Fruchtarrangements werden wie sonst die Blumen als Hauptblickfang in die Mitte der Malfläche gerückt und sind auch farblich dominant. Dazu gesellen sich kleinere Details, die vor allem im Farbton einen guten Kontrast zur Hauptfrucht anbieten: beispielsweise eine große feste Zitrone in der Mitte und blauer Wein als auflockernde Nebenfrucht. Die entstandenen Zwischenräume werden zum Teil mit purpurnen Blütenzweigen ausgefüllt. Diese Dreiteilung ergibt also eine »mittlere Fruchtmalerei«, wie sie unten definiert wird. Doch gehen wir am besten in der richtigen Reihenfolge an die verschiedenen Schwierigkeitsgrade dieser doch sehr speziellen Malerei heran.

Wir unterscheiden:
- *leichte Fruchtmalerei*
- *mittlere Fruchtmalerei*
- *reiche Fruchtmalerei.*

Diese Aufteilung entspricht exakt der Dreiteilung in der Blumenmalerei: Einzelblumendekor, Haupt- und Nebenblume mit Durchzügen und das große Bukett.

Eine feste Vorlagentafel mit Standardfrüchten gibt es bei den Fruchtmalern nicht. Es wird so ziemlich jede Frucht dargestellt, die einigermaßen dekorativ *und* appetitlich aussieht. Viel mehr als bei den Blumen muß beim Betrachter hier ein Sinn angesprochen werden, der mit Duft und Geschmack zu tun hat. Bei einer gut gemalten Blume können wir uns möglicherweise ihren Duft dazu vorstellen. Bei gemalten Früchten sollte uns dagegen immer gleich das Wasser im Munde zusammenlaufen. Das heißt, eine Zitrusfrucht muß auch sauer »aussehen«. Zugegeben: das ist nicht leicht, aber genau das macht ja die Fruchtmalerei zu dieser Spezialdisziplin.

Bei der Zusammenstellung muß nun farblich und von den Formen her wieder jene dekorative Harmonie entstehen, die wir schon aus der Blumenmalerei kennen. Dekorativ »zurechtbiegen« können wir hier allerdings nichts, da es sich um eine naturalistische Malweise handelt und wir alles so wiedergeben müssen, wie wir es im Garten vorfinden. Eine gute Anordnung ist also doppelt wichtig, wenn nicht mit S-Schwung und Idealisierung gearbeitet wird. Der Naturalismus geht sogar so weit, daß auch scheinbar unansehnliche Elemente, wie z. B. Schneckenfraß auf einem Pilzhut, dargestellt werden. Das Unterbewußtsein des Betrachters akzeptiert diese Tatsache als naturgegeben und bescheinigt dem Künstler eine großartige malerische Wiedergabe. Überhaupt sollten Sie beherzigen, daß Sie ja kein Schaufensterobst aus Plastik malen wollen, sondern Früchte mit kleinen, interessanten Akzenten: das kann eine Druckstelle sein – oder auch eine schöne Oberflächenmaserung.

11 Diese Skizze zeigt gut die gerade Ausrichtung eines kleinen Früchtedekors auf dem geplanten Malgrund, wobei ein Fadenkreuz als Hilfslinie dient. Die Vorlage ist ideal zum Kopieren geeignet.

12 Bei dieser mittleren Fruchtmalerei handelt es sich um einen alten Meißen-Teller, dessen Dekor in höchster Qualität gemalt wurde. Manchmal finden sich solche beschädigten Stücke sogar noch auf Flohmärkten. Der Porzellanmaler von heute kann zu Lernzwecken ein Motiv wie dieses durchaus einmal nachmalen.

Die leichte Fruchtmalerei

Hierbei wird lediglich eine einzelne Frucht mit ihrem zugehörigen Grünlaub gezeigt. In manchen Fällen wird auch noch die entsprechende Blüte mitgemalt. Die hier verwendeten Obstsorten kommen in den anderen Fruchtmalereien meist als mittlere Hauptfrüchte vor (ähnlich den Hauptblumen der Blumenmalerei). Vermeiden Sie hierbei Motive, die sich einzeln eher ungünstig darstellen (z. B. Bananen). Bevorzugen Sie runde und ovale Fruchtformen.

Die mittlere Fruchtmalerei

Zu der jeweiligen Hauptfrucht kommen hierbei noch eine »Nebenfrucht« und vereinzelte Blümchenzweige. Diese Beifrüchte sollten kleiner als die Hauptfrucht sein und können auch paarweise gezeigt werden (Pflaumen, Walnüsse u. ä.).
Nicht zu vergessen sind hierbei auch die Blätter der verschiedenen Obstarten, die aufgrund ihrer Form, Zahl und Größe zum Gesamteindruck der Komposition beitragen. Immerhin sind sie teilweise fast so groß wie die Nebenfrüchte und werden nur des-

halb nicht zu wichtig, weil sie äußerst hell im Farbton gehalten sind. Passen Sie aber gut auf, daß das Grün nie dominant wird und den Fruchtformen in Größe oder Leuchtkraft Konkurrenz macht. Die Blätter sind, ebenso wie die Durchzüge der Blümchen, nur Beiwerk. Eine mittlere Fruchtmalerei mit optimaler Komposition sehen Sie auf Abbildung 12. Wenn Sie die Plazierungen der einzelnen Teile mit einer groben Kontur festhalten, können Sie die Obstsorten beliebig austauschen und die Vorgabe gewissermaßen als Festmuster verwenden.

Die reiche Fruchtmalerei

Bei der reichen Fruchtmalerei können wir schließlich richtig üppige Fruchtarrangements malen, bei denen uns in Vielfalt und Vielfarbigkeit keine Grenzen gesetzt sind (höchstens durch die Größe der Malfläche). Dennoch dürfen wir natürlich nicht einfach wahllos alle Früchte durcheinanderwürfeln. Im Zentrum des Bildes sollten schon die großen Formen plaziert sein, um die sich die kleineren legen. Es macht ein Bild sehr einseitig schwer, wenn man große Formen, wie Pfirsiche, Birnen oder Äpfel am Bildrand sitzen hat. Bedenken Sie auch, daß fast alle Früchtemotive in einer Art Schwerelosigkeit, also frei schwebend gezeigt werden. In den seltensten Fällen liegen die Früchte auf einem Untergrund, wie etwa einer Tischplatte, auf. Dieses freie Schweben macht die Früchtestilleben sehr leicht und ruft einen beschwingten Eindruck hervor. In der Blumenmalerei ist genau dies auch der Fall und gibt den Sträußen Duftigkeit.
Wenn Sie beispielsweise auf einem großen Wandteller (Ø 32 cm und mehr) in der Mitte zwei Hauptfrüchte angeordnet haben, müssen Sie darauf achten, daß Sie bei zwei ziemlich gleichen Formen (z. B. Pfirsiche) keine Langeweile aufkommen lassen. Die Wirkung zweier runder Formen kann für das Gesamtbild monoton ausfallen. Eine gute Variationsmöglichkeit, dies zu verhindern, ist die, eine der Früchte angeschnitten zu zeigen. Halbieren Sie bereits bei der Aufzeichnung die zuvorderst liegende Frucht und lassen Sie den interessant geformten Kern erscheinen. Seine knorrige Oberflächenstruktur ist mit all den Vertiefungen und Windungen äußerst reizvoll.
Seitlich angesetzte Nebenfrüchte sollten nicht aufgeschnitten gezeigt werden. Das macht sie zu wichtig. Halten Sie sie stets unauffällig im Hintergrund. Sie sind schließlich nur Beiwerk und erfüllen ihren Zweck meist durch bloße Präsenz.
Anschließend möchte ich Ihnen noch einige Vorschläge machen, welche Früchte sich für welchen Bereich am besten eignen.

Hauptfrüchte:

Pfirsiche, Birnen, Quitten, Äpfel, Ananas, Zitronen, Orangen, Bananen

Neben- bzw. Beifrüchte:

Pflaumen, Feigen, Datteln, Maronen, Walnüsse, Kirschen, Stachelbeeren und viele mehr

Zierfrüchte und Beiwerk:

Johannisbeeren, Brombeeren, Hagebutten, Haselnüsse, Walderdbeeren und weitere.
Uns stehen also drei Hauptgrößen für die Motivkomposition zur Verfügung.

13 Kompositionsskizzen für die mittlere Fruchtmalerei.

14 Auch dieses Früchte-Bouquet können Sie bequem mit Pauspapier abnehmen und am Kopierer vergrößern oder verkleinern – ganz wie Sie es für Ihre Zwecke brauchen.

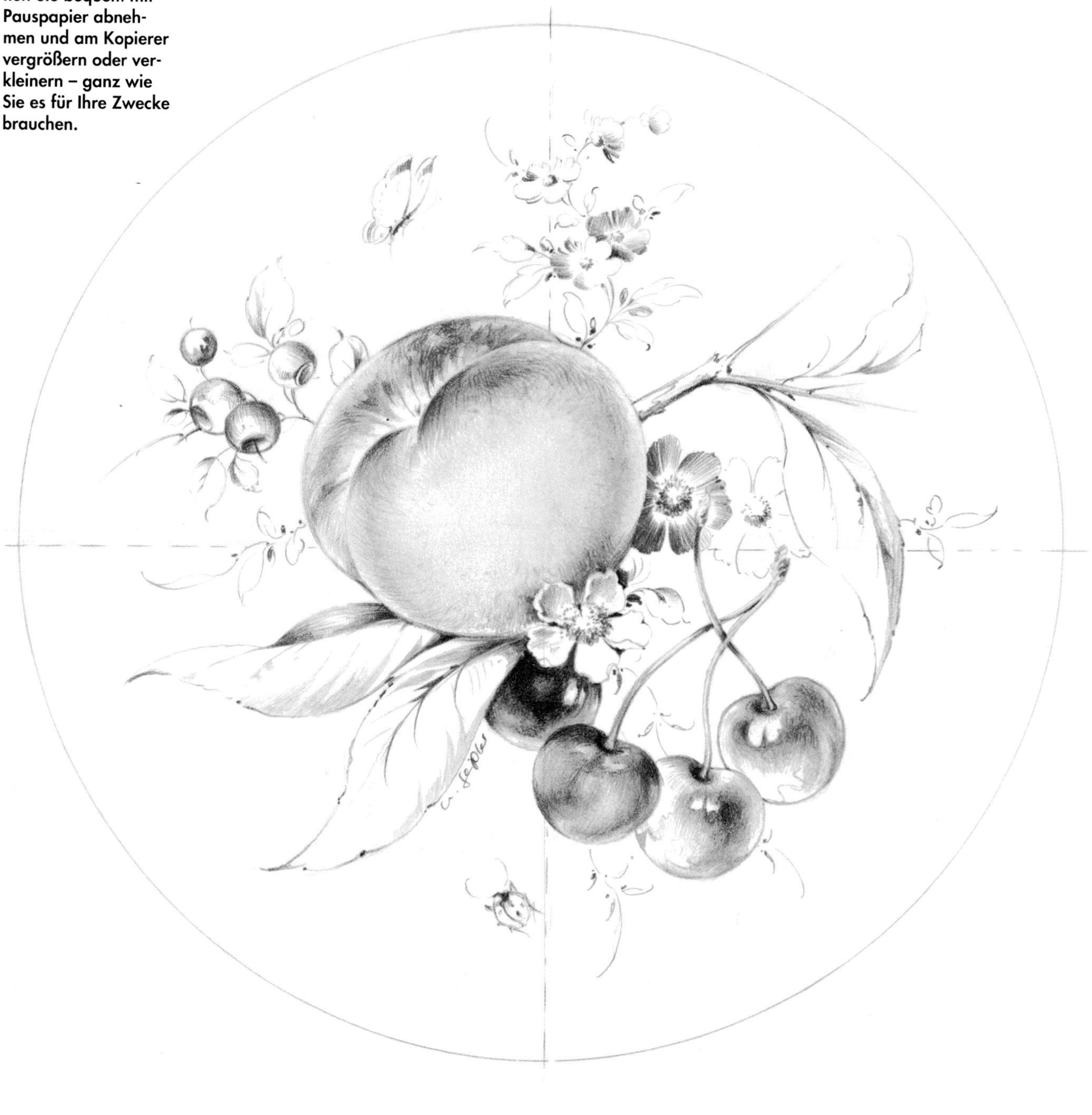

15 Ein Meißen-Stilleben von 1979 mit reicher Früchtemalerei, das durch die aufwendige Brombeerkante eine enorme Wirkungssteigerung erfährt. Dazu würde in der Bildmitte natürlich auch ein Waldfruchtdekor hervorragend passen (vgl. Abb. 56–60).

OBSTMALEREI UND SÜDFRÜCHTE

Die klassische, naturalistische Fruchtmalerei

Fast gleichzeitig mit den ersten Blumendekoren gab es Fruchtdarstellungen auf Porzellan. Es lag nahe, die vielen Kupferstiche der damaligen Zeit und auch die Stilleben der alten Meister in die Dekoration einzubeziehen. Noch heute stellen diese Bilder einen riesigen Formenschatz dar, wenn wir auf Vorlagensuche gehen. Maria Sibylla Merians unzählige Naturstudien können uns eine große Hilfe sein, wenn wir den botanisch richtigen Fruchtkörper malen wollen. Auch die genaue Farbigkeit der oft sehr exotischen Arten kann man anhand ihrer Bilder gut festlegen. Allerdings wurde bei diesen Bildern meist in der typischen Stricheltechnik des Kupferstichs gearbeitet. Und genauso sollte man diese übernehmen, wenn man Meriansujets verwendet. Für weiche, malerische Dekore hingegen sind die alten flämischen Stilleben besser geeignet. Hier finden wir unglaublich viele Anregungen, um duftige Früchtebuketts zu komponieren. Freilich sollten Sie sich aus den üppigen Stilleben der alten Meister die besten Details herauspicken und auf den zu bemalenden Gegenstand abstimmen. Viele Maler versuchen sich gleich an ganzen Gemäldekopien, was allerdings dem versierten Könner vorbehalten sein sollte, da es enormen Arbeitsaufwand und Geduld erfordert. Ganz zu schweigen von den maltechnischen Schwierigkeiten.

Fotos oder gut illustrierte Früchtebücher geben gleichfalls passende Vorlagen her. Es gibt Bestimmungsbüchlein für Kernobstsorten, Weine, Südfrüchte, die – immer vorausgesetzt, sie sind hervorragend gemalt! – für unsere Zwecke ideal sind. Achten Sie bei der Auswahl solcher Bücher auf folgende Qualitätsstandards:

– Gute Druckqualität, vor allem der Farben. Unnatürliche, durch den Druck zu grell oder auch kitschig wirkende Farbtöne sind schlechte Vorlagen.

– Nicht alle Früchtestilleben sind geeignete Malvorlagen fürs Porzellan. Wenn die Früchte steril-glatt und zu sehr nach Plastik aussehen – weglegen! Übrigens: Es gibt durchaus schlechte Beispiele aus Manufakturen.

– Kaufen Sie lieber ein Buch mit gemalten Früchten als reine Fotobände. Wenn ein Maler vor Ihnen die Frucht schon »gesehen«, also motivisch umgesetzt hat, können Sie sich auf die Porzellanmaltechnik konzentrieren.

– Achten Sie darauf, daß in den Büchern die Frucht zusammen mit Blüte und Blattgrün gezeigt wird. In einem Früchtebukett werden meist alle drei Elemente gebraucht.

Eigene Studien

Bei der Fruchtmalerei sind – mehr noch als bei den Manierblumen – eigene Aquarellstudien von allen möglichen Früchten nach der Natur von unschätzbarem Wert für den Maler und seine Qualifikation!

Die Frucht in all ihren Einzelheiten und Eigenheiten zu (er)kennen, ist äußerst wichtig. Nur wer diese Studien treibt, weiß auch wirklich, was wie auf dem Porzellan wiederzugeben ist. Bei den Malereien auf Papier erforschen wir die Früchte mit allen Feinheiten und können mit einem genauen Blick in die angeschnittene Form auch den ganzen Innenaufbau mit Gehäuse, Kernen und Fruchtfleisch kennenlernen.

16 Naturstudien-Skizze: Sie können die Birnen hier wie gezeigt umrißhaft so übernehmen – aber wagen Sie sich doch so oft wie möglich an eigene Zeichnungen nach der Natur! Sie erhalten auf diese Weise unbezahlbare Vorlagen, die viel besser als jedes Foto sind.

17/18 Aquarellstudien eines Meißner Fruchtmalers von Äpfeln verschiedener Art und einer Birne.

Arbeiten verschiedener Handschriften Meißner Künstler (Abb. 19–35). ▷▷

19/20 Kirschen für die leichte Fruchtmalerei. Beachten Sie die Vielfarbigkeit im Bild: es werden mindestens drei verschiedene Rot- und ebensoviel Grüntöne gezeigt (unten). Scheuen Sie sich auch nicht, bei dunklen Früchten mal etwas Violett oder Dunkelpurpur zuzumischen (rechts).

21/22 Pflaumen. Bei zwei so dominanten Hauptfrüchten sollten Sie die Malerei doch ganz bewußt in der Art auflockern, daß Sie wie hier Blaubeeren, Vergißmeinnicht, entsprechendes Blattgrün und Schmetterlinge hinzufügen. Der Ausschnitt zeigt sehr gut, wie sicher der Maler die Ausarbeitung in die zarte Anlagefarbe gesetzt hat.

In Meißen war das Naturstudium immer ein wesentlicher Grundbaustein zur vollständigen Ausbildung. Und es hat sich gezeigt, daß die Maler, welche das Studium auch in der Freizeit weiterführten und nicht nach Lehrplanabschluß damit aufhörten, heute zu den Besten gehören.
Auch der Hobbymaler, der sicher weniger Zeit zum Arbeiten hat, sollte das Naturstudium nie gänzlich vernachlässigen. Es reicht einfach nicht, wenn man als Anfänger mit Fotovorlagen beginnt und die Steigerung darin bestehen soll, daß die Sujets wechseln. Man malt dann nur ab – und wenn das Muster schlecht ist, eben nur mäßig gut.

Wie geht man an Naturstudien heran?

Zunächst brauchen wir möglichst schöne, das heißt gut gewachsene, Exemplare der Naturalien, die es zu studieren gilt. Bei der reinen Studienskizze brauchen Sie zunächst auf dem Blatt noch keine großartige Aufteilung vorzunehmen. Legen Sie beispielsweise einen knackigen Apfel vor sich auf eine neutrale Tischplatte ohne Tischtuch. Geben Sie sich nun die äußere Grundform der Frucht ganz grob mit locker-hellem Bleistiftstrich (Minenhärte HB) vor. Gehen Sie überhaupt relativ locker ans Werk und versuchen Sie nicht, links oben anzufangen und rechts unten aufzuhören. Die Frucht ist zuerst insgesamt zu erfassen, bevor es an Einzelheiten geht.
In die grobe Form »plazieren« Sie dann den Sitz des Stiels. Deuten Sie den kleinen Krater zunächst nur an und stecken Sie danach den Stiel ein. Sie können jetzt nochmals durch schnelles Hinundherschauen zwischen Apfel und Zeichnung kontrollieren, ob die Form stimmt. Für Korrekturen radieren Sie ruhig mit einem weichen Gummi die Linien weg und verbessern Sie. Wenn Sie mit der zarten Vorgabe zufrieden sind, können wir die endgültige Linie ausführen.
In die Bleistiftvorzeichnung können noch Kolorierungen eingebracht werden. Dazu müssen Sie sich den Sitz des Lichtes auf der bauchigen Form andeuten. An dieser Stelle sollte später ein weißliches Feld bleiben. Die restliche Fläche wird dem Original entsprechend farbig angelegt. Arbeiten Sie mit der Wasserfarbe recht feucht, damit Sie in den nassen Hauptton (meist Gelb) noch Schattentöne – und zwar rechts unten – »einwaschen« können. Malen Sie möglichst immer so, daß Ihre Lichtquelle links liegt. Bei den ersten Versuchen ist es übrigens schon ein Erfolg, wenn die Frucht auf Ihrem Aquarellpapier plastisch rund geworden ist und nicht kantig oder wellig wirkt.
Wem diese Technik allerdings zu »schnell« geht, der kann natürlich auch mit Stift oder Zeichenfeder perspektivische Studien treiben. Dabei können Sie in aller Ruhe in die gründlich erarbeitete Grundform Schattierungen ganz zart und allmählich eintragen und an den betreffenden Stellen immer mehr steigern, bis der Schattenton erreicht ist.
Auch Maserungen der Apfelhaut können Strich für Strich nachgemalt werden und geben der Frucht so ihr sortentypisches Aussehen. Auf den Seiten 14, 17 und 21 sehen Sie einige Beispiele mit leichten Bleistiftzeichnungen. In dieser Art sollten Sie mehrere Fruchtsorten malen, um diese kennenzulernen. Noch einmal die Reihenfolge, die Sie bei Studien einhalten sollten:

– Plazieren Sie Ihr Motiv so, daß es Licht von links bekommt. Das erleichtert Ihnen die klare Anordnung von Licht und Schatten im Bild.

– Geben Sie sich auf dem Papier mit zarten weichen Linien zunächst die groben Konturen der Frucht vor. Korrigieren Sie ständig mit einem weichen Radiergummi, bis die Form stimmt.

– Malen Sie charakteristische Details in den Fruchtkörper; das können Stiele oder Blüten, aber auch Druckstellen und Fraßecken (von Vogelfraß) sein.

– Jetzt können Sie, ein- oder mehrfarbig, an die plastische Gestaltung gehen. Schattieren Sie *langsam* die dunklen Partien der Frucht, bis die Tiefe des Originals erreicht ist. Danach kommen die Details wie Musterung oder Struktur der Haut an die Reihe.

Diese einfache Studienvariante kann natürlich nur ein Einstieg für geradezu fotorealistische Naturbilder sein, die wir nach und nach erstellen. Aber Sie sollten nicht gleich an große farbige Formate herangehen, sondern mit Einzelstudien beginnen.

23/24 Mittlere Fruchtmalerei: zwei Zitronenvarianten auf einen Blick. Auf Abb. 23 sehen wir die angeschnittene Version, die neben den ruhig wirkenden Pflaumen interessante Belebung einbringt. In Abb. 24 sorgen hingegen die Weintrauben für die Glanzlichter.

Erst wenn mehrere Sorten »sitzen«, können auch Kompositionen geübt werden. Stellen Sie kleine Arrangements zusammen, wie es im Kapitel »Die Komposition …«, Seite 13 beschrieben wird. In der ständigen Auseinandersetzung mit der großen Bandbreite möglicher Naturstudien werden Sie bald ein optimales Gefühl für sicheres Aufzeichnen, perspektivisches Sehen und farbliche Genauigkeit bekommen.

25 Ein schönes Beispiel mittlerer Fruchtmalerei. Zarte Lasurtöne herrschen hier vor.

26/27 »Die schwierigste Frucht überhaupt«, sagen die Meißner Früchtemaler zum gelben Wein. Das Detail macht deutlich, was alles zum Ausdruck gebracht werden sollte: Transparenz, Saftigkeit, Licht-/Schatteneffekte, ja sogar, ob die Trauben süß oder sauer schmecken …

28/29 Blauer Wein in mittlerer Fruchtmalerei, bei der Gelb (Pflaume), Rot (Hagebutten) und Blau (Wein) ideal harmonieren. An der Vergrößerung ist die Wirkung der feinen Zwischentöne für die Gesamtaussage klar erkenntlich. Die Grünzeichnung ist sparsam eingesetzt.

30/31 Quitten. Die kräftige Hauptfrucht hat viel »Sonne« (Gelb) und steht in wohltuendem Kontrast zu den angrenzenden »glasigen« Früchten.

Auf Abb. 31 sind bei den Stachelbeeren sehr schön die hellgrünen Wischer zu sehen, die aus der nassen roten Farbe herausgenommen wurden.

32/33 Pfirsich und gelber Wein. Als Kontrast zum vielen Gelb wurden Vergißmeinnicht und violette Beeren gewählt. Die Kunst liegt darin, mit wenigen klaren Wischern das samtige des Pfirsichs und seine appetitliche Frische zu definieren (Abb. 33).

34/35 Zwei Beispiele, die eine gelungene Verbindung von groß-, mittel- und kleinformatigen Früchten vorstellen. Aufgelockert werden sie hier durch Falter und Käfer.

EINZELNE MALBEISPIELE SCHRITT FÜR SCHRITT

Beispiel Apfel

Verwendete Farben: Gelb/hell, Blau/hell, Gelbgrün, Ocker, Grau, Braun
Arbeitsmittel: mittlerer Pinsel (2er), ebenso Stupfer

1. Zeichnen Sie sich die genauen Konturen der Frucht vor. Verzichten Sie dabei noch auf Details wie Maserungen der Schale oder Schattierungen rechts unten. Geben Sie lediglich den Sitz der Blüte oder des Stiels an und lassen Sie sonstige Einzelheiten vorerst beiseite.

2. Legen Sie, vom hellen Glanzlicht ausgehend, Farbe weich an Farbe, nachdem Sie den Apfel zuvor in zartem Hellblau konturiert haben. Achten Sie darauf, daß die Farben nicht pastos übereinander, sondern nur *aneinander* sitzen. In der linken oberen Hälfte lassen wir einen weißen Lichthof stehen, der das Glanzlicht auf der Frucht darstellt. Von da ausgehend legen wir Gelb, Ocker, Grau und etwas Braun kreisförmig an (siehe Abbildung 36, Mitte). Versetzen Sie die Farbe bei diesem Arbeitsgang mit etwas Nelkenöl, damit sie nicht so schnell trocknet. Sie

36 Arbeitsfolge bei einem Apfel. Die Farben werden in Richtung der Pfeile aufgebracht und gestupft. Siehe die genaue Erläuterung im Text.

muß ja im nächsten Arbeitsgang noch weich verstupft werden! Achten Sie auf peinlichste Sauberkeit am Arbeitsplatz, da sich besonders bei dieser Maltechnik sehr leicht Staub in die Malerei setzt, und das Ergebnis beeinträchtigt werden könnte.

3. Sind alle Töne angelegt, kann gestupft werden. Nehmen Sie einen der Größe der Frucht gemäßen Stupfer und beginnen Sie, mit leichten, sanften Druckern die Farbe von *Hell nach Dunkel* zu stupfen. Fangen Sie am hellen Glanzlicht links oben an und stupfen Sie kreisförmig um dieses Licht herum in Richtung Schatten. Streichen Sie während des Arbeitsganges den Stupfpinsel ab und zu auf einem sauberen Tuch aus, damit Sie nicht die Farbe innerhalb der Frucht verteilen und somit zu dunkel werden. Am Rand wird nun das blaue Band ins Gelb mit eingestupft und gibt dem Apfel plastische Wirkung.

Nach diesem Arbeitsgang sollte – wenn der Maler noch nicht so geübt ist – das Stück zwischengebrannt werden. Die Ausarbeitung erfordert nämlich sehr viel Geschick und könnte in ungebranntem Zustand die Anlage auflösen. Bei der Ausarbeitung selbst setzen wir alle nötigen Details im entsprechenden Farbton ein (Blüten, Stiele, Maserungen usw.). Auch können nun noch Lasuren aufgetragen werden, sollte ein Abschnitt zu hell geraten sein.

Beispiel Eßkastanie (Marone)

Verwendete Farben: Gelbgrün, Braun, Ocker, Blau/hell, Gelb

1. Es ist eine besonders genaue Vorzeichnung der Konturen erforderlich. Der stachelige Mantel der Früchte sollte exakt vorgegeben sein. Einzelne Stacheln werden jedoch nicht aufgezeichnet, sondern erst bei der Anlage eingesetzt. All diese kleinen Linien würden in die Zeichnung ein zu großes Durcheinander bringen. Die Früchte hingegen setzen Sie sehr klar und achten auf die richtige Form.

2. Bei Früchten dieser Größe wird natürlich kein Stupfer benötigt – bei Früchten, die kleiner sind als etwa eine Pflaume sollte man ohne dieses Hilfsmittel auskommen. Die Flächen werden dann ganz einfach zu klein, um mit einem Stupfer darin agieren zu können. Legen Sie in unserem Beispiel zuerst die Maronen mit Ocker, Braun und etwas Blau an den Rändern an. Die Schattenseiten rechts unten werden sofort dunkel betont, um die Früchte plastisch wirken zu lassen. Die Innenseiten der Schalen werden mit hellem, gebrochenem Grau angedeutet. Die Stacheln schließlich legen wir so an, daß ein unruhiger Eindruck vorerst vermieden wird. Achten Sie bei den Stacheln darauf, daß sie nicht alle in starrer Richtung nach außen zeigen. Um die Schale interessant wirken zu lassen, muß sie, wie in natura, kreuz- und querstehende »Borsten« haben.

3. Ein Zwischenbrand ist hier nicht unbedingt nötig, da es keine Ausarbeitung mit breitem Pinselstrich gibt und so die Gefahr des Farbeauflösens gering ist. Wir stricheln vielmehr die Stacheln: das geht auf ungebranntem Untergrund auch besser.

Beginnen Sie aber mit den braunen Früchten! Generell gilt: erst die Frucht und dann das Grün dazu. Das verhindert, daß wir das Grün versehentlich zu wichtig nehmen: Es muß immer hinter der farbigen Frucht in seiner Wirkung zurückstehen. Wählen Sie ein tiefes Schwarz-

37 Werdegang der Edelkastanie (Marone). Siehe dazu den Text Seite 30 f.

braun für die Ausarbeitung. Damit können wir auf der Schattenseite sehr schön Tiefe erreichen. Danach erst variiert man mit Dunkelgrün und gemischten Schattentönen das Grün. Auch dieses Stachelwirrwarr hat seine Licht- und Schattenseite. Beachten Sie das beim Ausschattieren! Abschließend können Sie mit etwas Gelb noch ein paar Lichtreflexe auf das Grün setzen (siehe Abb. unten).

ALTE FRUCHT- UND BLUMENMALEREI

Diese spezielle Variante stammt aus der Anfangszeit der Porzellandekoration und wird bis zum heutigen Tage ausgeführt. Sie ist der Kupferstichtechnik entlehnt, und so werden auch hier alle Details der Dekore mit kleinen Strichen zusammengesetzt. Das gibt den Buketts eine ganz eigene grafische Note: Blüten und Früchte wirken angenehm duftig und weich. Dazu bildet die naturalistische Fruchtmalerei schon rein maltechnisch einen starken Gegensatz. Für uns im Hobbybereich sollte daher feststehen: Entweder – oder! Beide Techniken nebenher zu erlernen, wird schwierig und gelingt wohl nur dem Ausdauernden mit viel Zeit und einem guten Seminarleiter.
Entscheiden Sie sich vor dem Einstieg in die Obstmalerei für eine der beiden Malweisen: am besten nehmen Sie diejenige, die Ihnen vom Strich her mehr zusagt. Ob Sie eine eher malerische oder mehr grafische Veranlagung haben, merken Sie beim Malen sehr schnell. Wer schon vorher Spaß am Federzeichnen hatte, wird sicher auch im Bereich Kupferstich Freude am genauen Strich haben. Wer hingegen in der Blumenmalerei sehr weich und flächig gute Ergebnisse erzielt, möchte sicher auch bei den Früchten mit breiten Pinseldruckern arbeiten. In meinen Malseminaren jedenfalls erfreut sich die weiche Malerei größter Beliebtheit, was Sie natürlich nicht beeinflussen soll.

Die Komposition

Die Komposition der alten Frucht und Blume gleicht im wesentlichen jener der naturalistischen Art. Auch die Früchtesorten und die Blumennamen klingen gleich. Etwas anders sieht es allerdings bei den Farben aus. In dieser Malerei treffen wir auf mehrere gebrochene Töne: Der Purpur beispielsweise geht leicht ins Violett, und auch das Blau ist gräulicher als sonst. In den Manufakturen werden außerdem die Grünanteile mit Kupfergrün gemalt, was den Sujets eine ganz spezielle Note gibt. Leider haben die Hausmaler diese Kupferfarben nicht zur Verfügung, und so müssen wir die Töne mit den herkömmlichen Farben anmischen.

Maltechnisch gesehen ist diese Fruchtmalerei eigentlich eine sehr strenge Maniermalerei. Man legt alle Töne zunächst relativ hell an und arbeitet dann Schritt für Schritt, Farbe für Farbe äußerst gezielt aus. Es ist also keine Zufälligkeit oder ungeplante Nuance in diesen Motiven, und so gesehen ist diese Technik eigentlich etwas leichter zu lernen. Man konstruiert die Details mit kleinsten Pinseldruckern und kann auch recht viel korrigieren. Dennoch ist es ein höchst anspruchsvolles Arbeiten und wer es beherrscht, verfügt über eine hohe kunsthandwerkliche Fertigkeit.
Die Blumen in diesen Dekoren werden ebenfalls sehr viel feiner und etwas »trocken« in ihrem Aussehen dargestellt. Das ist aus der »alten trockenen Blumenmalerei« übernommen, die zu den ersten Malstilen der großen Manufakturen gehörte.
In Abbildung 38 sehen Sie ein typisches Beispiel der alten Frucht- und Blumenmalerei. Deutlich zu erkennen sind die vielen kleinen Striche und Drucker, die dicht nebeneinandersitzend die Schattierungen ergeben, die in der anderen Maltechnik manchmal nur durch einen einzigen,

38 **Typische Stricheltechnik bei der Alten Frucht- und Blumenmalerei. Gemüseelemente sind hier wie Blumen mit einbezogen.**

breiten Drucker entstehen. Klar ersichtlich ist auch, wie die Strichelchen in die organische Wachstumsrichtung der Früchte und Blüten gesetzt werden und so für Perspektive und Plastizität sorgen.
Wenn Sie den Arbeits- und Zeitaufwand allein für ein kleines Bukett in Rechnung stellen, können Sie vielleicht die stattlichen Preise für speziell diese Art Malerei ermessen. An einem Speiseservice für sechs Personen sitzt ein einzelner Maler leicht einmal einen ganzen Monat. Ich möchte daher dem Hobbymaler empfehlen, erst an einigen Einzelstücken zu arbeiten, damit Sie nicht mitten in der Arbeit die Freude an der Malerei verlieren. Legen Sie am Anfang auch einen Zwischenbrand ein, um die feine Zeichnung auf die gesicherte Anlagefarbe aufbringen zu können.

39 **Bei diesem Sujet kommt die Stricheltechnik deutlich heraus.**

40 Im Gegensatz zur Farbigkeit in der Malerei sind die Blümchen am Rand nur in Purpur und Grün gehalten.

41 Hier sehen wir eine sehr gut gewählte Farbkomposition bei zudem hervorragend gelöster Raumaufteilung.

42 Detail: Rückseite der Kaffeekanne von Abb. 43.

43 Die Farbigkeit der Alten Frucht- und Blumenmalerei ist bei dieser Kaffeekanne in eher gebrochenen Tönen gehalten.

44 Auch Pilze sind bei dieser speziellen Früchtemalerei vertreten.

45 Kaffeegedeck mit dem Motiv einer angeschnittenen Frucht.

46 Ein Dekor in roten Grundtönen: Violette Frucht, Hagebutten und dunkle Beeren. Auf der Untertasse wurden Blümchen entlang dem Relief des Scherbens plaziert.

47 Bei Kaffeegedecken wird die Untertasse lediglich mit Streublümchen verziert.

48 Nüsse, Pflaumen, Brombeeren, Apfel und Stachelbeeren sind hier in einem Bukett vereint. Es gibt keine festen Regeln der Kombination, nur die Ausgewogenheit der Farben und Größenverhältnisse ist immer zu beachten.

49 Bei diesem Teller wurde die aufwendige Fruchtmalerei durch eine gleichermaßen dominante Goldkante ergänzt.

50 Die Grüntöne werden hier – anders als bei der naturalistischen Fruchtmalerei – gleichmäßig ruhig angelegt.

51 Ausgesprochen dekorativ macht sich die Eßkastanie in der Fruchtmalerei. Ihre Ausführung erfordert viel Übung – die erzielte Wirkung aber ist verblüffend.

52 Mit diesem Maiskolben wurde ein äußerst dekoratives Fruchtelement in das Dessin einbezogen.

53 Gemüseelemente beleben neben den Früchten den Rand dieses Tellers.
Abb. 40–53 stammen aus der Sammlung Kalkes, Köln

54 So prunkvoll wie in dieser Schaufensterauslage sieht ein komplettes Service mit Alter Frucht- und Blumenmalerei aus.

55 Wie weit man es in der naturalistischen Malerei auf Porzellan bringen kann, zeigt dieses Porzellanbild, das in der Meißner Schauhalle steht.

DIE WALDFRUCHTMALEREI – PILZE UND BEEREN

Kaum hatte ich in meinem Buch über die Meißner Maniermalerei das Thema Waldfrüchte in einem kurzen Kapitel angeschnitten, war in meinen Seminaren ein reges Interesse an dieser Thematik zu verzeichnen, und ich hörte immer öfter den Wunsch nach weiteren Ausführungen dazu. Deshalb möchte ich an dieser Stelle erneut auf diese Anregungen eingehen.
Die Waldfrüchte werden, wie alle naturalistischen Porzellanmalereien, aus der Lochpalette gemalt, da sämtliche Farben naß in naß gemischt werden und viele Nuancen erreicht werden sollen. Ebenfalls gleich sind die Arbeitsmittel beim Malen. Es sind mittelgroße Anlegepinsel und Stupfpinsel in mindestens drei Größen nötig.
Die einzelnen Farben für die Lochpalette finden Sie auf Seite 11. Für die Vorlagen gilt unsere immer gleiche Faustregel: Am besten sind eigene Naturstudien in Aquarelltechnik, aber auch gute Malereien aus Naturführern oder Pilzbestimmern sind geeignet – und natürlich hervorragende Fotos von fertigen Porzellanmalereien. Die allerdings werden Sie suchen müssen, da speziell diese Sujets sehr selten sind und eigentlich bei keiner Manufaktur zum Stammdekorschatz zählen.

Die Komposition

Vielen Schülern machen auch die Kompositionsfragen große Mühe, da man Pilze nicht so einfach zusammenstellen kann wie etwa Blumen. Die Fruchtkörper sind massiger, rundlicher und wirken bei zu enger Plazierung oft plump. Um Ihnen als Leser und Malschüler die Aufzeichnung ein wenig zu erleichtern, habe ich in diesem Kapitel einige Vorzeichnungen nur mit feinen Bleistiftlinien erstellt, die Sie bequem mit einem Kopierer vergrößern und verkleinern können. Achten sie aber auch hier darauf, daß die Motive nie über ihre natürliche Größe hinausgehen. Das verfälscht sie zum einen und zweitens »erschlagen« sie den Betrachter förmlich. Auch bei diesen Sujets können Sie natürlich die gezeigten Elemente gegen andere Sorten auswechseln und erhalten so eine große Vielfalt an Möglichkeiten. Achten Sie bei Eigenkompositionen darauf, daß in Ihrem Bukett auch wirklich die Pilze überwiegen. Sie sollten in all ihrer Fülle stets Hauptmotiv und Blickfang sein. Alle anderen Details sind unterzuordnen. Mittelgroße Früchte wie Kastanien, Eicheln, Brombeeren und andere haben lediglich ausschmückenden Charakter. Wenn Sie solche mittelgroßen Früchte als Hauptfrucht wünschen, lassen Sie die Pilze lieber weg und gestalten Sie kleine Beerenarrangements.
Schwierig ist es für einige Schüler auch immer, ein eigenes Bukett farblich richtig zusammenzustellen. Entweder hatten sie zu braungraue Erdtöne verwendet, und das Motiv war eintönig-leblos geraten, oder sie waren zu sehr in ihrer Farbpalette »spazieren«gegangen und hatten ein kitschiges Gartenzwergidyll geschaffen. Deshalb nochmals einige Tips: Waldfruchtmotive sollten natürlich in dezenten, erdigen Farben gehalten sein, um den naturalistischen Eindruck zu verstärken. Dennoch brauchen diese Bilder an mehreren Stellen leuchtende Tupfer, die Leben ins Bild bringen. Diese Tupfer können kleine Heideblümchen, Walderdbeeren, Fruchtblüten oder auch Insekten sein. Verteilen Sie diese Hingucker aber nie allzu regelmäßig. Eine An-

56/57 Skizzen der Eßkastanie und unten einer Walnuß neben einem Pilz.

ordnung in gleichbleibenden Abständen oder »auf Lücke« bringt sichtlich Symmetrie ins Motiv, wirkt gestellt und steif und nimmt die Lockerheit, die so ein Dekor braucht.

Beim Farbemischen nicht übertreiben! Einige Maler haben so viele Töne ineinandergebracht, daß im Brand eine unkontrollierbare Nuance entstand, die abenteuerlichste Töne ergibt. Viele Schüler sind durch die Vielfalt des Angebots irritiert, legen sich oft unnötig viele Farben zu und verlieren im wahrsten Sinne die Übersicht. Deshalb nochmals mein Rat: Sie benötigen höchstens zwei Brauntöne, zwei ockergelbe Töne, drei Grünnuancen, zwei Gelbs und etwas Blau für die Pilze. Alle anderen Zwischentöne können Sie daraus mischen! Machen Sie sich im übrigen das Mischen zur Aufgabe! Versuchen Sie, mit wenigen Farben auszukommen und lernen Sie, welche Töne beim Mischen und dem anschließenden Brand entstehen. Nehmen Sie bewußt Abstand von den »Instantmalern«, die möglichst nach Zahlen ausmalen wollen! Es ist ein unbezahlbarer Erfahrungsschatz, wenn Sie lernen, welche Farbe wie

58 **Ein mittleres Pilzbukett, dessen Konturen sich leicht abpausen und auf das gewünschte Maß bringen lassen.**

mit der anderen im Ofen reagiert. Sie werden viel sicherer beim Naß-in-Naß-Malen, und schließlich ist es gerade diese Sicherheit, die den versierten Porzellanmaler ausmacht.

Verwenden Sie nur appetitliche Pilze und Früchte als Vorlage. Viele Sorten sind einfach unansehnlich und somit undekorativ. Graubläuliche Pilze mit dürren Stielen und gigantischen Hüten sollten keine Verwendung finden, auch nicht, wenn sie genießbar sind. Nehmen Sie die bekannteren Arten mit ihren warmbraunen Hüten und fleischigen Stielen. Zeigen Sie diese Arten aber nie »zu schön«. Das heißt, malen Sie keine Schaufensterfrüchte, die ohne jeglichen Makel glatt sind und wie Plastik wirken. Es macht einen Pilz viel natürlicher, wenn er etwas angeknabbert gezeigt wird oder wenn sich ein Blatt auf seinem klebrigen Hut verfangen hat!

Die Grüntöne des Waldlaubes sollten Sie stets etwas herbstlich bunt einfärben. Das bringt zusätzlich Brillanz ins Motiv.

59 Studienblatt zu den Waldfrüchten. Die sehr unterschiedlichen Formen appetitlich anzusehender Pilze (Steinpilz, Maronenpilz, Parasolpilz) sollten Sie immer wieder in der Natur erkunden und zeichnen.

60 Der Werdegang zweier Steinpilze: Auch hier werden die Grundformen hell gestupft, bevor die Ausarbeitung mit breitem Pinselstrich erfolgt.

AUSGEFÜHRTE PORZELLANMALEREIEN

62/63 Eine delikate Waldfruchtmalerei ist der Blickfang jeder Kaffeetafel.

62 Ausschnitt der Kannenrückseite mit Erdbeeren.

◁ 61 Bei diesem Beispiel wurde die Birne bewußt grünlich gehalten, so daß die Aurikel als Vordergrundmotiv zum Hauptaugenmerk wird.

64 Dieser Teller und Abb. 65 zeigen sehr klassische Malvarianten. Früchte, Pilze, Blumen und auch Insekten sind ganz stilisiert einander zugeordnet.

65 Die grafische, spröde Malweise gab der Malerei den Beinamen der »trockenen« Technik.

66 Die vier folgenden Teller zeigen die Kompositionsanordnung der einfachen Fruchtmalerei. Hier ein Dessin mit Apfel.

67 Um die Hauptfrucht (Birne) im rechten Tellerspiegel sind Streublümchen und kleine Früchte locker und wie zufällig drapiert, was große Leichtigkeit bringt.

68 Kirschen zieren diesen Teller.

69 Sonnige gelbe Grundstimmung mit Quitte und Zitrone.

70 Stachelbeeren wirken, rot gemalt, süßer als ihre grünen Varianten.

71 Die Oberfläche eines Pfirsichs sollte samtig wirken, so daß man fast meint, die kleinen Härchen tatsächlich wahrnehmen zu können. Harte Glanzlichter passen nicht zu dieser Frucht.

72/73 Angeschnittene Früchte wirken besonders saftig – am liebsten möchte man gleich in die gelbe Steinfrucht auf Seite 62 beißen.

73 Eine Zitrone ziert diesen Teller aus dem schönen, reliefierten Kaffeeservice.

74 Mittelreiche Fruchtmalerei in der Tellermitte. Die Streuer sind in die reliefierten Flächen eingesetzt.

75 Ein besonders gutes Beispiel für die perfekte Beherrschung der Farben ist diese Feige: der weiche Eindruck entsteht aus mindestens fünf Farbtönen.

76 Blauer Wein, in Vollendung gemalt. Erst sollten viele andere Früchte »sitzen«, bevor sich der Hobbymaler an diese schwierige Frucht heranwagen kann.

77 Ein Früchtestilleben der alten Art rückt ganz bewußt auch eine purpurfarbene Tulpe in den Blickpunkt.

78 Auf diesem Gedeck sind Früchte und Gemüse harmonisch zusammengestellt worden.

79 Üppige Goldverzierung unterstreicht die Fruchtmalerei auf diesem Tablett nachhaltig.

80 Diese naturalistische Waldfruchtmalerei kommt aus der Berliner Manufaktur KPM und zeugt von höchster kunsthandwerklicher Perfektion. Man beachte, wie duftig das Laubwerk nach hinten »weggeht« und so Perspektive ins Bild bringt (vergleiche Abb. Seite 2).